BEI GRIN MACHT SICH IHR WISSEN BEZAHLT

- Wir veröffentlichen Ihre Hausarbeit,
  Bachelor- und Masterarbeit

- Ihr eigenes eBook und Buch -
  weltweit in allen wichtigen Shops

- Verdienen Sie an jedem Verkauf

Jetzt bei www.GRIN.com hochladen und kostenlos publizieren

Heike Dilger

Erzieht das Buch „Blickfeld Deutsch" zur Schriftlichkeit oder zur Mündlichkeit oder zu beidem?

GRIN Verlag

Bibliografische Information der Deutschen Nationalbibliothek:

Die Deutsche Bibliothek verzeichnet diese Publikation in der Deutschen National-
bibliografie; detaillierte bibliografische Daten sind im Internet über http://dnb.d-
nb.de/ abrufbar.

Impressum:

Copyright © 2006 GRIN Verlag GmbH
Druck und Bindung: Books on Demand GmbH, Norderstedt Germany
ISBN: 978-3-656-50690-4

Dieses Buch bei GRIN:

http://www.grin.com/de/e-book/233511/erzieht-das-buch-blickfeld-deutsch-zur-
schriftlichkeit-oder-zur-muendlichkeit

GRIN - Your knowledge has value

Der GRIN Verlag publiziert seit 1998 wissenschaftliche Arbeiten von Studenten, Hochschullehrern und anderen Akademikern als eBook und gedrucktes Buch. Die Verlagswebsite www.grin.com ist die ideale Plattform zur Veröffentlichung von Hausarbeiten, Abschlussarbeiten, wissenschaftlichen Aufsätzen, Dissertationen und Fachbüchern.

Besuchen Sie uns im Internet:

http://www.grin.com/

http://www.facebook.com/grincom

http://www.twitter.com/grin_com

Erzieht das Buch „Blickfeld Deutsch" zur Schriftlichkeit oder zur Mündlichkeit oder zu beidem?

I Einleitung

1.) Geplante Untersuchungsschritte

Um diese Frage beantworten zu können, muss man zunächst in einem theoretischen und analytischen Teil der Arbeit herausstellen, was die Termini Schriftlichkeit und Mündlichkeit der Sprache bedeuten.

Im Anschluß daran wird untersucht werden, welche Aufgabenstellungen in den verschiedenen Kapiteln des Lehrbuches zur Mündlichkeit und welche zur Schriftlichkeit erziehen.

Diese Untersuchung wie auch die Aussagen im theoretischen Teil erfolgen auf der Grundlage der von mir verwandten Forschungsliteratur.

2.) Mündlichkeit und Schriftlichkeit als Realisationsformen von Sprache

Sprachliche Äußerungen sind Elemente menschlichen Handelns. Für die Realisierung von Äußerungen stehen zwei verschiedene Mittel zu Verfügung: das Sprechen und das Schreiben. Die Sprache ist eine speziell menschliche Erscheinung. Als primäres soziales Zeichensystem ermöglicht sie Denken und Handeln.

Das Sprechen im Alltag ist unmittelbar und geschieht zeitgleich von Sprecher und Hörer. Bei einer schriftlichen Realisation liest beispielsweise der Empfänger eines Briefes diesen zeitversetzt zum Briefschreiber. Es herrscht zeitliche und räumliche Distanz vor. Schon in der Antike ersetzte der Brief das Gespräch von abwesenden Freunden. Somit besteht ein nur mittelbarer Kontakt von Schreiber und Empfänger. Dadurch ist eine schriftliche Äußerung nicht durch andere Mittel wie Gestik, Mimik oder Stimmung des Sprechers modifizierbar. Ein weiterer Unterschied ist, dass das Produktionstempo beim Schreiben langsamer ist, wodurch man mehr Zeit hat, sich Formulierungen oder Gedankengänge länger zu überlegen. Beim Sprechen muss man schneller und spontaner auf eben Gesagtes reagieren können. Allerdings ist bei aktivem Gespräch immer noch eine Korrektur von eben Gesagtem möglich, wohingegen Geschriebenes nicht mehr korrigiert werden kann. Dieses kann aber einen Anspruch auf Gültigkeit dadurch erheben, dass man durch mehrmaliges Lesen zu jedem Zeitpunkt den Inhalt nachhaltiger im Gedächtnis behalten kann.

Gesprochen wird überall da, wo eine rasche und unmittelbare Interaktion der Gesprächspartner erforderlich ist. Geschrieben wird dort, wo es auf Genauigkeit und Reproduzierbarkeit der Nachricht ankommt.[1]

Doch allein die Begriffe Sprechen und Schreiben werden den alltäglichen, unterschiedlichen Situationen kaum gerecht, da sie zu unspezifisch sind. Schreiben und Sprechen beziehen sich ausschließlich auf die mediale Dimension. Hinsichtlich des Mediums sind beide Begriffe dichotomisch. Das Medium der sprachlichen Kommunikation ist also entweder phonisch oder graphisch. Jedoch muss man zur genaueren Unterscheidung der kommunikativen Strategie noch ein weiteres Begriffpaar hinzuziehen: das der konzeptionellen Mündlichkeit und Schriftlichkeit. Dieses wurde durch Peter Koch und Wulf Oesterreicher eingeführt.

Deren Forschungsleistung war es, Otto Behaghels Gedankengang fortentwickelt zu haben.[2] Sie stellten heraus, dass eine Doppelunterscheidung der konzeptionellen von der medialen Dimension der Sprache notwendig sei. Das bedeutet, dass man die Konzeption des Textes für die geschriebene oder gesprochene Kommunikation zu berücksichtigen hat. Man muss feststellen, welche Ausdrucksweise für die Äußerung gewählt wird.

Die Bezeichnung 'konzeptionell` zielt somit auf die Aspekte der sprachlichen Variation. Bei der Konzeption ist kein Medienwechsel möglich wie etwa beim Vorlesen, da diese die Endpunkte eines Kontinuums bezeichnet.

Beide Dimensionen ergänzen sich sinnfällig und stehen nicht in Widerspruch zueinander. Ist die mediale Frage oft einfach zu entscheiden, bieten sich bei der konzeptionellen Dimension Feinabstufungen der Äußerungsformen. Koch/Oesterreicher betonen das besondere Interesse, welches gerade die gegenläufigen Kombinationen bieten, also medial graphisch/konzeptionell mündlich und medial phonisch/konzeptionell schriftlich. Die Autoren nennen in diesem Zusammenhang noch zwei weitere wichtige Fachbegriffe, nämlich Verschriftung und Verschriftlichung. Der erste Begriff bezieht sich auf den bloßen Medienwechsel vom phonischen ins graphische Medium. Verschriftlichung meint die rein konzeptionelle Verschiebung in Richtung Schriftlichkeit, d.h. ein Text nimmt Züge einer gehobeneren Schriftsprache an.

---

[1] Rolf Bergmann, Peter Pauly, Stefanie Stricker: Einführung in die deutsche Sprachwissenschaft, 3. Auflage, Heidelberg 2001, S. 35f.

[2] Christa Dürscheid: Einführung in die Schriftlinguistik, Wiesbaden 2002, S.47f.

Koch/Oesterreicher schufen zur Verdeutlichung dieser verschiedenen Kommunikationssituationen ihr Mündlichkeits- und Schriftlichkeitsmodell.[3]

Die beiden entgegengesetzten Pole der konzeptionellen Schriftlichkeit und der konzeptionellen Mündlichkeit umschließen die rein medialen Ausdrucksformen. Diesen beiden Polen ordnen Koch/Oesterreicher[4] nun noch zusätzlich das Begriffspaar der raumzeitlichen Nähe und Distanz zu. Diese sollen über die Beziehung der Kommunikationspartner Aufschluß geben.

Beispielsweise wird ein wissenschaftlicher Vortrag öffentlich gehalten und ist medial phonisch. Doch ist er aufgrund des wissenschaftlichen Themas und der gründlichen schriftlichen Ausarbeitung in anspruchsvollem Sprachstil konzeptionell schriftlich. Weitere Argumente für die schriftliche Konzeptionalität sind außerdem noch die monologische Vortragsweise eines fixen Themas. Nach Koch/Oesterreicher liegt eine soziale, emotionale und referentielle Distanz zwischen Vortragendem und Hörern vor.

Ein Gesetzestext ist noch eindeutiger konzeptionell schriftlich als der wissenschaftliche Vortrag. Medial schriftlich ist er sowieso, konzeptionell schriftlich ist er einmal wegen seines hohen Sprachniveaus, vor allem ist er aber auch distanziert, weil es keine Interaktion zwischen Abfasser und den zahlreichen Lesern geben kann, da sie sich nie begegnen werden. Gesetzestexte sind allgemeingültig und unpersönlich konzipiert.

Zwei Äußerungsformen, die nun konzeptionell mündlich sind und sich wiederum nur hinsichtlich ihrer medialen Dimension unterscheiden, sind einmal das familiäre Gespräch und der Privatbrief.

Das familiäre Gespräch ist medial phonisch und konzeptionell mündlich. Die Gesprächspartner sind in ihrem unmittelbaren, spontanen Gespräch situations- und handlungsgebunden. Es findet im privaten Raum statt. Die Familienmitglieder zeichnen sich durch gegenseitige Emotionalität aus.

Der Privatbrief, medial graphisch und konzeptionell mündlich, ist ebenfalls von emotionaler Nähe zu den Briefpartnern geprägt, wenngleich aber kein direkter Kontakt besteht. Diese Briefart ist informell und mittelbar.

---

[3] Christa Dürscheid: Einführung in die Schriftlinguistik, Wiesbaden 2002, S. 49.

[4] Peter Koch, Wulf Osterreicher: Funktionale Aspekte der Schriftkultur. Schriftlichkeit und Sprache, in: Schrift und Schriftlichkeit. Ein interdisziplinäres Handbuch internationaler Forschung, hrsg. von Hartmut Günther und Otto Ludwig, 2. Halbband, Berlin, New York 1996, S. 588.

In die gleiche Richtung geht die Grußkarte. Diese ist zwar medial schriftlich, doch konzeptionell mündlich, da man in ihr Emotionalität, Spontaneität und Nähe zum Adressaten erkennen kann.

Die anderen Äußerungsformen im Feld medialer konzeptioneller Mündlichkeit/ Schriftlichkeit finden sich zwischen den Polen der Mündlichkeit (Nähe) und der Schriftlichkeit (Distanz).

Christa Dürscheid[5] hingegen ist mit den von Koch/Österreicher stammenden Begriffen der Nähe und Distanz nicht einverstanden. Mir selbst leuchtet ein, warum sie diese Begriffe ausgetauscht haben will, so dass ich mich ihrer Meinung anschließe.

Dürscheid ist der Auffassung, dass diese Begriffe für die Beschreibung mancher Kommunikationssituationen nicht ausreichend seien, da sie sich lediglich auf die raum-zeitlichen Kommunikationsbedingungen bezögen.

Als Beispiele führt sie Beratungsgespräche, Gespräche in Talkshows und Chatkommunikation an. Beratungsgespräche seien weder öffentlich noch privat. In Talkshows redet man öffentlich mit nicht privaten Personen. Obwohl man ihnen räumlich nah ist, existiert keine Vertrautheit. In einer Chatkommunikation sind sich die Partner räumlich entfernt, verwenden aber doch eine Ausdrucksweise, die nahe an die konzeptionelle Mündlichkeit kommt, obwohl sie sich meist nicht kennen. Bei einer Predigt gibt es keine raumzeitliche Distanz, doch ist die Predigt konzeptionell schriftlich.

Dürscheid führt für die Unterscheidung der Pole stattdessen das Stichwort „Versprachlichungsstrategien" ein.[6] Für sie sind allein die sprachlichen Merkmale für die Zuordnung zum Mündlichkeits- bzw. Schriftlichkeitspol entscheidend.

Im Folgenden sollen nun Merkmale konzeptionell mündlicher und schriftlicher Sprache genannt werden.

Konzeptionell schriftliche Texte weisen typische Merkmale wie Partizipialkonstruktionen, Nominalisierungen, Funktionsverbgefüge und hypotaktische Konstruktionen auf. Sie sind sprachlich elaboriert und haben oftmals unpersönliche Konstruktionen und präpositionale Attribute. Weiter kennzeichnen solche Texte eine hierarisch komplexe, durchstrukturierte Textgliederung mit unterordnenden Konjunktionen statt Reihungen, Verwendung von indirekter Rede statt direkter und Regularisierung von Tempus- und Modusgebrauch.

---

[5] Christa Dürscheid: Einführung in die Schriftlinguistik, Wiesbaden 2002, S.51f.

Dem Mündlichkeitspol werden Texte zugeordnet, die verkürzt sind, Satzbrüche oder Kongruenzfehler enthalten. Sie haben häufig Interjektionen, Wortwiederholungen, umgangssprachliche Ausdrücke, Gesprächspartikel und Nachträge.

Kennzeichen einer mündlichen Konzeption sind ferner direkte Rede, einfacher, spontaner Satzbau, meist beiordnend, mit Nachträgen, Anakoluthen und Aposiopesen.[7]

Die mediale Zuordnung ist einfach, die konzeptionelle nicht. Die jeweilige Zuordnung muss im Einzelfall geprüft werden und hängt von den verwendeten sprachlichen Mitteln ab. Das wird sich auch bei Analyse der Arbeitsanweisungen des Schulbuches zeigen.

II   Hauptteil

1.)   Beschaffenheit und Zielsetzung des Arbeitsbuches „Blickfeld Deutsch"

Zur Sprachbildung eines Menschen gehören sowohl die Fähigkeit, mündlich zu kommunizieren, im privaten wie auch im beruflichen Bereich, wie auch die Fähigkeit, Schrifttexte, privat oder offiziell initiiert, zu verstehen und zu verfassen.

Die Beziehung der Benutzer sprachlicher Zeichen zu diesen ist pragmatisch, wogegen die Beziehung der Zeichen zu den Sachverhalten semantisch und die der Zeichen untereinander syntaktisch ist.

Das Lehrwerk „Blickfeld Deutsch", leistet seinen sehr guten und facettenreichen Beitrag zur Sprachbildung der Schülerschaft in der gymnasialen Oberstufe. Dies ist aber nur ein Aspekt, denn das Buch hat sich vielfältige Ziele zur Aufgabe gesetzt. Es ist ein leserfreundliches *Arbeitsbuch*, das, übersichtlich gegliedert und mit viele Informationen und Hilfestellungen ausgestattet, zum selbständigen Arbeiten hinführen will. Als *Informationsmedium* will es Grundwissen über Literatur und Sprache vermitteln. Es ist eine Art Literaturgeschichte, indem es einen Überblick über die charakteristischen Merkmale der einzelnen Literaturepochen anhand von ausgewählten Textbeispielen liefert. Außerdem will es schrittweise zu den nötigen Studiertechniken hinführen. Drittens soll es ein *Nachschlagewerk* sein, das schnell und zuverlässig vor einer Klausur über das Wichtigste informiert. Insgesamt soll der Schüler mit Sprache umgehen lernen und sie sowohl als Mittel der Kommunikation als auch als Untersuchungsgegenstand erfassen. Die unterschiedliche Gestalt der Sprache und ihr Wandel lassen sich durch die unterschiedlichen Epochen verfolgen. Insgesamt soll der

---

[6] Interessanterweise stammt dies allerdings ebenfalls von Koch/Oesterreicher aus dem Jahre 1985.
[7] Koch//Oesterreicher (1994) S. 590f.

Schüler den Umgang mit Sprache mündlich wie schriftlich üben und sich dadurch seinen Verstehensprozeß bewusst machen. Diese Wechselbeziehungen zwischen Verstehensprozeß und Sprache gilt es durch unterschiedlichste Arbeitsanweisungen einzustudieren. Nur wer die Sprache eines Textes richtig versteht, kann diesen inhaltlich richtig erfassen. Nur wer den Sachverhalt eines Textes verstanden hat, kann sich über diesen auch sprachlich klar äußern.

Im Folgenden wird untersucht werden, ob und mit welchen Mitteln es zur Mündlichkeit und mit welchen es zur Schriftlichkeit im Sprachgebrauch der Schülerinnen und Schüler erzieht.

2.) Erziehung zur Schriftlichkeit oder zur Mündlichkeit oder zu beidem durch Arbeitsanweisungen

Betrachtet man zuerst einmal die mediale Dimension, lassen sich drei Arten von Arbeitsanweisungen ausmachen: Es gibt welche, die man medial schriftlich oder mündlich realisieren soll, als auch solche, deren Lösungsweg frei gestellt wird, d.h., es bleibt dem Schüler überlassen, ob er die Aufgaben schriftlich oder mündlich ausführen will.

Bei dieser Buchanalyse meine ich festzustellen, dass man zwar die mediale Dimension auf den ersten Blick erkennen kann, nicht aber die konzeptionelle.

Was also die konzeptionelle Dimension betrifft, muss jeweils an Einzelbeispielen untersucht werden. Beispielsweise geht aus der Anweisung „Notieren Sie" eindeutig das schriftliche Medium hervor, allerdings ist das Notierte eher in Richtung konzeptioneller Mündlichkeit zu sehen, da ja allenfalls Stichworte oder Gedankenstützen aufgeschrieben werden. Hieße die Anweisung hingegen „Schreiben Sie ein Resümee", läge aufgrund von gründlicher, schriftlicher Ausführung zusätzlich konzeptionelle Schriftlichkeit vor.

Nach diesen Kriterien sind die Arbeitsanweisungen im Folgenden zu untersuchen. Zuerst sollen Arbeitsanweisungen, die vom Schüler medial mündlich auszuführen sind, betrachtet werden. Bei diesen muss noch differenziert werden, welche zusätzlich noch auf eine Konzeption zielen und welche nicht.

Die Anweisung, ein Gedicht laut zu lesen, ist nur medial mündlich. Die Ebene der Konzeption fällt somit weg. Das Lesen fordert vom Schüler keine sprachliche Eigenleistung, da für ihn das zu Lesende in diesem Moment noch neu ist und er es noch nicht ganz verstanden haben kann. Somit kann eine wie auch immer geartete sprachliche Umsetzung des Gelesenen erst in einem nächsten Schritt erfolgen. Dem Lesen kommt aber eine wichtige, *sinnerschließende* Funktion zu, ohne die weitere Textarbeit gar nicht möglich wäre. Es fördert den Verstehensprozeß des Schülers. Somit findet sich im Lehrbuch oft eine Kombination aus mündlichen und schriftlichen Arbeitsanweisungen. So wird beispielsweise auf S.97 zuerst verlangt, zu diskutieren und mit diesem Wissenshintergrund dann einen Lexikonartikel über den Minnesang zu verfassen. Auf S. 99 schließt sich an die Aufforderung zum Lesen die schriftliche Anweisung zum Auflisten an, auf S.100 soll man nach dem Gedichtsvortrag eine Übersetzung verfassen. So könnte man meinen, das Schriftliche sei dem Mündlichen nachgeordnet.

Eine im Schwierigkeitsgrad gesteigerte Form des Lesens ist das Rezitieren eines Gedichts, bei dem noch Tonhöhe, Satzmelodie, Rhythmus, Pausen und Lautstärke mit einbezogen werden müssen (S.314). Es kommt hierbei auf die Ausgestaltung an. In die gleiche Richtung geht die Arbeitsanweisung, das Schauspiel „Nathan der Weise" (S. 172- 175) laut und mit verteilten Rollen zu lesen, was wiederum den Verständnisgrad erhöht. Letzten Endes ist es egal, welche Art von Text man laut vorträgt, der Effekt ist derselbe.

Die Arbeitsanweisung „Diskutieren Sie" verweist ebenfalls auf das mündliche Medium, doch zielt sie ebenso wie die beiden noch nachfolgenden Beispiele zusätzlich auf eine Konzeption. Zuerst werden dann zwei Beispiele für die Förderung der mündlichen Konzeption genannt.

Diskussion kommt vom lateinischen *discussio*, welches Prüfung, Rechenschaft, Auseinandersetzung und Erörterung bedeutet. Aufgabe einer Diskussion im Unterricht ist es, sich diszipliniert über ein Problem auf Grund eines umstrittenen Sachverhaltes auseinanderzusetzen. Die Schüler erwägen Lösungsmöglichkeiten, wollen Erkenntnisse gewinnen und somit der Wahrheit näher kommen. Der einzelne Schüler soll begreifen, dass bei einer Diskussion die Rollen von Hörer und Sprecher ständig wechseln, weswegen Monologe abzulehnen sind. Vielmehr muss dialogisch diskutiert werden. Während der Diskussion ist es ratsam, sich beim Zuhören Stichworte zu machen, um sich eigene und fremde Gedanken zu notieren (S. 21). In einer Diskussion bleibt meistens nicht genug Zeit, sich lange und schwierige Formulierungen für seinen Redebeitrag zu überlegen, man formuliert hingegen die durch Notizen festgehaltenen Gedanken spontan aus. Somit liegt hier auch *konzeptionelle Mündlichkeit* vor. Allerdings könnte man sich sicher mit viel Übung auch sofort in einem Stil äußern, der dem einer Schriftsprache ähnelt.

Es erfolgt auch noch die Aufforderung, in Lerngruppen Gedanken auszutauschen und bestimmte Aspekte herauszuarbeiten. Hier ist das Arbeitsklima entspannter, da nicht alles unter ständiger Überwachung des Lehrers steht. Obgleich Unterrichtsthemen auf dem Plan stehen, ist die Sprache eher *konzeptionell mündlich*, da Gleichgesinnte unter sich sind und so reden, wie sie es im Alltag gewohnt sind.

Heißt die Arbeitsanweisung „Debattieren Sie", soll ein eindeutiger Sieger aus der Debatte hervorgehen. Die andere Seite soll von ihrer Meinung abrücken. Wie in parlamentarischen Gremien ist das Ziel der Sieg über den Gegner. Stellen Schüler solch eine Situation nach, erwartet man von ihnen einen auf Sachargumente basierenden, gut strukturierten Redebeitrag, der ein Statement zu einem Sachthema abgibt. In diesem Fall wird eindeutig zur *konzeptionellen Schriftlichkeit* erzogen.

Das Sachgespräch geht im Unterschied zum rein privaten Gespräch immer von einer Sachfrage aus, die besprochen werden muss. Dieses wird oft von einer großen Teilnehmerzahl, z.B. einer Gruppe oder einer Schulklasse, geführt.

Ein Beispiel für ein Sachgespräch ist das Literarische Quartett. Marcel Reich- Ranicki steuert den Verlauf auf ein bestimmtes Ziel zu. Die Teilnehmenden des Streitgesprächs kennen sich alle gut, gleichwohl ist aber auf Grund des Niveaus der vorgetragenen strittigen Inhalte eine Distanz vorhanden. Das Sprachniveau weist eher auf eine *konzeptionelle Schriftlichkeit* hin. Im Unterricht sollte ein ähnliches Sprachniveau wie bei diesem Beispiel erreicht werden.

Das erste, was einem bei den Arbeitsanweisungen, die der Schüler nun medial schriftlich ausführen soll, auffällt, ist, dass diese deutlich in der Überzahl gegenüber den mündlich auszuführenden sind. Außerdem sind sie noch mannigfaltiger und von unterschiedlichster Art. So reichen sie vom bloßen Notieren von Stichwörtern bis zum Abfassen eines zusammenhängenden Textes. Es liegt auf den ersten Blick schon mal ein deutliches Übergewicht zugunsten der medialen Schriftlichkeit vor. Wie das Verhältnis hinsichtlich der beiden Dimensionen aussieht, wird sich noch zeigen. Die Unterscheidung zwischen konzeptionell mündlich und schriftlich ordnet sich aber nun bei diesem Punkt einer größeren Gliederungseinheit unter.

Der Schüler soll einmal den Umgang mit Texten lernen. Er muss in der Lage sein, den Text vollständig erfassen zu können. Das geschieht aufgrund von genauer Textarbeit mit unterschiedlichen Arbeitsansätzen. Nur nach gesichertem Textverständnis kann sich eine meist richtige Interpretation als nächster Arbeitsschritt anschließen. Zum andern steht neben solch einer Textreproduktion als zweiter Block derjenige, der durch diesbezügliche Arbeitsanweisungen zum selbstständigen Schreiben von neuen Texten auffordert.

Eine Mittelstellung zwischen Textbeschreibung und freiem Schreiben nimmt die Interpretation ein. Ein bekannter, grundlegender Text soll eine eigene, nachvollziehbare Interpretation bekommen. Sie ist Ergebnis einer gründlichen Textarbeit und Textanalyse sowohl in syntaktischer, semantischer und inhaltlicher Hinsicht, die eine gute Textkenntnis gewährleistet. Dafür ist es erforderlich zu wissen, auf welche Kriterien sich die Kohärenz eines Textes gründet. Diese Kohärenz wird bestimmt durch Kategorien der Textgrammatik, der Textsyntax und der Textsemantik. *Textsyntaktische* Erscheinungen sind beispielsweise Tempus, Modus, Diathese, Personenkennzeichen und Konnektoren. Unter *textsemantische* Erscheinungen fallen z.B. Wortwiederholungen und Umschreibungen, Wortfelder und Thema- Rhema- Abfolge. Wenn man diese Kriterien beachtet, ergibt sich schon leicht eine Gliederung des Textes, welche immer einen der ersten Schritte einer Interpretation bildet. Für diesen Schritt finden sich im Buch folgende Arbeitsanweisungen: Entweder sollen die Schüler den Text abschnittsweise oder im Ganzen zusammenfassen und diesen Abschnitten Überschriften geben, wodurch man auch eine Inhaltsangabe (S. 147) erhält. Bei dieser verkürzten Zusammenfassung bemerkt man leicht, auf welches inhaltliche Element man auf keinen Fall verzichten kann. So erhält man das zentrale Thema des Textes. Auf diese Weise lernen die Schüler, die wichtigsten Aussagen des Textes ausfindig zu machen und zu bündeln und eventuell mit eigenen Worten wiederzugeben. Diesbezüglich finden sich im Buch häufig folgende Arbeitsanweisungen: "Geben Sie die Grundgedanken des Verfassers wieder", „Suchen Sie die in den Texten genannten Leitbegriffe". Weitere Anweisungen in diese Richtung sind: „Zitieren Sie", „Exzerpieren Sie", „Suchen Sie Belegstellen" und „Untersuchen Sie den Text unter folgendem Aspekt".

So führen alle Arbeitsanweisungen den Schüler auf den richtigen Weg hin zum Aufbau einer eigenständigen Interpretation auch von schwierigen Textinhalten.

Ein Gedichtvergleich (S.133) kann den Weg zu einer Interpretation oft erleichtern, da durch ihn meist Gegensätze inhaltlicher oder sprachlicher Art beider Versionen gestellte Interpretationsfragen leicht beantworten lassen. Beim Schreiben einer Interpretation kommt es aber nicht nur auf inhaltliche Richtigkeit und Vollständigkeit an, sondern auch auf die Wahl einer dem Text angemessenen Sprache. Diese wird ja auch immer mitbewertet. Ein salopper, umgangssprachlicher Stil ist zu meiden. Somit wird durch das Schulbuch im Kleinen eingeübt, was die Schüler dann in immer länger werdenden Klausuren auch sprachlich leisten sollen. In Interpretationsklausuren und auch in allen anderen wird in jedem Fall eine von *konzeptioneller Schriftlichkeit* geprägte sprachliche Leistung erwartet.

Auch wenn es um das Anfertigen einer Übersetzung, beispielsweise vom Mittelhochdeutschen zum Neuhochdeutschen, geht, ist der Schüler wiederum im Hinblick auf die *konzeptionelle Schriftlichkeit* sprachlich gefordert. Er muss zuerst inhaltlich verstehen, was ausgesagt werden soll, danach muss er sich die syntaktische Umsetzung und die Wortwahl überlegen. Oft erfahren die Wörter zum Neuhochdeutschen hin eine

Bedeutungsverengung oder –verschlechterung, so dass man das im Neuhochdeutschen wenngleich auch ähnlich klingende Wort nicht einfach so übernehmen kann. Manche mittelhochdeutsche Konstruktionen lassen sich im Neuhochdeutschen so auch nicht finden. Oft muss gar der ganze Satz umgestellt werden. Liegt ein Versmaß vor, stellt sich wie bei jeder Übersetzung die Frage, ob man ebenfalls in Verse übersetzen soll oder prosaisch. Kennt das Neuhochdeutsche besagtes Versmaß nicht mehr, dann ist meist nur eine sinngemäße Übersetzung möglich.

Das Lehrbuch „Blickfeld Deutsch" zeichnet sich auch durch sehr gute Begriffsdefinitionen aus, die in rosa Kästen zu finden sind. Diese ermöglichen eine ganz feine Unterscheidung und Abgrenzung ähnlicher Begriffe. So wird die Übertragung (S.141) eines Textes als besondere, sinngemäße Form der Übersetzung (S.100) ausgewiesen (s.o.). Dadurch werden den Schülern die Nuancen ähnlicher Begriffe verdeutlicht, wodurch sie auch ein besseres Sprachgefühl für die richtige aktive Verwendung mancher Begriffe bekommen.

Das Protokoll (S.45-49) ist die schriftliche Wiedergabe mündlicher Aussagen und dient der Dokumentation von Sachverhalten. Es ist als sachliches Schreiben eine Art Bericht. Der Schüler muss wissen, dass es ein Verlaufs- und ein Ergebnisprotokoll gibt, und danach seine Arbeit ausrichten. Bei letzterem ist das Ergebnis relevant, nicht der Weg dorthin. Beim Verlaufsprotokoll ist das Gegenteil der Fall. Ein Ablauf und die Standpunkte einzelner Teilnehmer müssen richtig dargestellt werden. Das Unterrichtsprotokoll tendiert eher zum Ergebnisprotokoll, welches *konzeptionell schriftlich* ist. Die *Konzeption* des Verlaufsprotokolls ist *mündlich*, da in ihm mündliche Aussagen *verschriftet* werden.

Das Resümee (S.32) dient der knappen Zusammenfassung eines bekannten Sachverhalts innerhalb einer Diskussion, eines Referats und einer Interpretation und ist somit eine Art Reproduktion. Die *Konzeption* ist *schriftlich.*

Nun gibt es auch Arbeitsanweisungen, die man, wie ich meine, medial mündlich wie auch medial schriftlich ausführen kann. Das hängt einerseits vom Aufgabenkontext oder vom Lehrer ab, der die Aufgabe dann entweder mündlich oder schriftlich gelöst haben will. Es handelt sich um folgende Anweisungen, die sich nach ihrem Schwierigkeitsgrad meines Erachtens folgendermaßen anordnen lassen: „Benennen Sie die Textsorten". Diese Aufgabenstellung ist immer *konzeptionell mündlich*, egal in welchem Medium sie realisiert wird, denn sie enthält lediglich eine Aufzählung und eine knappe Begründung der Antworten. Die Anweisung „Bestimmen Sie die Eigenart der Textteile (S.337)" schließt sich an die Gliederungsaufgabe eines Textes an. Durch die Gliederung ergibt sich der Aufbau des Textes, und es lässt sich so die Bedeutung jedes einzelnen Bausteins für den Gesamttext ableiten.

Diese Aufgabe dürfte ebenfalls mit wenigem Aufwand zu lösen sein, vielleicht nach kurzer Stillarbeit. Das Sprachniveau hierbei sehe ich in der Nähe der *mündlichen Konzeption*.

Die anderen Arbeitsanweisungen „Erläutern Sie", „Kritisieren Sie", Bewerten Sie", „Beschreiben Sie", „Stellen Sie fest", „Vergleichen Sie", Berichten Sie", „Skizzieren Sie" sind allumfassender in der Lösungsausführung. Sie medial mündlich zu lösen, stellt eine Herausforderung dar, weil ja die eigene Meinungsbildung am Schluss aus der Textinterpretation hervorgehen soll. Den Verlauf bis dahin mündlich zu schildern, ist schwer denkbar. Wenn man die Aufgaben aber medial mündlich löst, könnte man knapp die Vorgehensweise schildern, wobei die Sprache dann sicher *konzeptionell mündlich* wäre. Misst der Lehrer den Aufgaben nun mehr Gewicht bei, ist eine medial schriftliche Lösung die beste, die dann *konzeptionelle Schriftlichkeit* haben wird. Eine Bildbeschreibung kann ebenfalls auf beide Weisen durchgeführt werden. Das bisher Neue ist an ihr, dass sie noch keine Interpretation beinhalten muss. Sie gibt Bestehendes wieder, allerdings liegt ihr keine textliche Vorlage zugrunde. Das Visuelle nun in Sprache umzusetzen, halte ich für schwieriger. Es besteht nämlich die Schwierigkeit, Wortwiederholungen und Wiederholungen im Ausdruck zu vermeiden. Beispielsweise muss man darauf achten, dass man nicht jeden Satz mit „Man sieht", „Es gibt" oder „Es befinden sich" beginnt. Oft sind auch Bildteile oder Figuren nicht gut erkennbar, so dass man in Nöte gerät, wie man sprachlich mit dieser Unsicherheit umgehen soll. Bei einer Textbeschreibung kann man sich bei Verständnisproblemen mit Direktzitaten behelfen, bei einem Bild geht dies nicht.

Wie auch schon beim Schreiben von Interpretationen müssen sich die Schüler beim Verfassen von freien Texten im Formulieren üben. Sie müssen auch lernen, ihre Gedanken zu sammeln, anschließend zu gliedern und sie treffend auszudrücken. Beim Verfassen muss auch auf die einzelnen Textsorten geachtet werden. Dafür ist es notwendig, deren Charakteristika zu kennen. Die Anweisung zum selbstständigen Schreiben von Texten wird verstärkt in der Oberstufe ausgesprochen. Die Schüler haben bis dahin einen großen Wissenshintergrund, der aktives Schreiben möglich macht. Ihr passives Text- und Sprachverständnis kann nun aktiv umgesetzt werden.

Die Arbeitsanweisung, ein Interview zu verfassen (S.394), wird anhand des Gedichtes „Interview" von Marie Luise Kaschnitz gestellt. Das Interview ist sowohl medial schriftlich als auch medial mündlich. Es wird schriftlich entworfen, aber letzten Endes mündlich gestellt. Die *Konzeption* ist *mündlich*, da die Interviewfragen gesprochener Sprache ähneln.

Bei der Erstellung eines Referates (S.133, S.69), welches ebenfalls sowohl medial schriftlich als auch medial mündlich ist, gibt es folgendes zu bedenken: Der Schüler referiert über ein

Sachthema, muss sich dieses sachgerecht erarbeiten und es ebenfalls sachgerecht vermitteln. Es muss einen klaren Aufbau haben, um einen Überblick bieten zu können. Die Sätze sind ebenfalls überschaubar zu verfassen. Das Referat verlangt eine genaue Bearbeitung durch Beispiele, Textbelege, Zitate und Nachweise. Dies alles macht eine *schriftliche Konzeption* erforderlich. Der Vortrag verläuft mündlich, allerdings auf hohem Sprachniveau und in Dialogizität zur Zuhörerschaft. Durch Erklärungen und Veranschaulichungen mit visuellen Materialien wird ein unbekanntes und schwieriges Thema für die Zuhörenden zugänglicher.

Die Vortragsweise ist aufgrund von Zwischenfragen auch teilweise *konzeptionell mündlich*, da nicht nur wie beim Vortag stur Geschriebenes vorgelesen wird.

Die Rede (S.71) ist auch halb medial mündlich und medial schriftlich, wenn es sich nicht um eine freie Rede handelt. Von der *Konzeption* her ist sie *schriftlich*. Sie ist stilistisch durch die antike Rhetorik geprägt, da sie sich der Figuren und Kunstgriffe bedient. Sie ist aber auch immer von situativen Bedingungen geprägt, auf die man dann spontan reagieren muss. Je nach Anlass gibt es verschiedene Formen von Reden: die Kanzleirede, die Predigt, die Preisrede, die Gerichtsrede und die politische Rede.

Das Verfassen einer Erörterung (S.47, S.143, S.179 und S. 311) zielt auf die *konzeptionelle Schriftlichkeit*. Die Erörterung verlangt eine Stoffsammlung, eine sorgfältige Gliederung in Einleitung, Hauptteil und Schluss. Dieser sollte eine Wertung und eine persönliche Bewertung enthalten. Eine gründliche Durchgestaltung sprachlicher wie inhaltlicher Art ist unumgänglich. Ausgangslage für eine Erörterung ist immer eine These. So wäre eine Vorbereitung für diese z.B. auch, anhand eines Textes selbst Thesen zu formulieren. Bekommt man nämlich die Anweisung, eine textgebundene Erörterung zu schreiben, geht man genau den umgekehrten Weg: Man bekommt eine These vorgegeben und muss nun anhand des Textes nachweisen, ob man die in ihr vertretene Meinung teilt oder nicht. Nicht nur an solch einem Beispiel sieht man, dass ein Lernprozeß, auch in sprachlicher Art, immer wechselseitig ist: Man nimmt passiv Wissen und Anleitung auf und soll sie dann aktiv bearbeiten und umsetzen.

Schüler sollen außerdem noch Leserbriefe (S.66, S.133), Kritiken (S.65), Regieanweisungen (S.129), Lexikonartikel (S.215), biographische Abrisse (S.161), Fabeln (S.164), Dialogszenen (S.215) und Monologe (S.271) schreiben. Des Weiteren werden sie angehalten, Textumformungen in dramatische Szenen vorzunehmen (S.307).

Oft gibt es auch die Anweisung, sich aus Lexika zur Hintergrundsgewinnung über bestimmte Themen zu informieren.

Anweisungen ähnlicher Art finden sich noch sehr zahlreich in diesem Buch. Ich verzichte auf eine weitere Einzelauflistung, denn die Vielschichtigkeit der Arbeitsanweisungen ist klar geworden.

3.) Erwerb eines Bildungshorizontes

Mir scheinen im Folgenden nun noch einige bisher nicht erwähnte Aspekte wichtig.

Durch die bisher erwähnten Methoden, durch Arbeitsanweisungen zur Mündlichkeit bzw. Schriftlichkeit zu erziehen, wird augenfällig, dass damit auch der Erwerb eines Bildungshorizontes verknüpft ist.

Erstens lernen die Schüler bei der Textanalyse, die dem Sprachverständnis dient, den historischen Bezug der Sprache (Diachronie) kennen, ihre sprachgeschichtliche Gliederung und ihre damit verflochtene sprachgeographische Struktur. Auch die Namen sind als sprachliche Zeichen historische Zeugnisse.

Kenntnisse über die Sprachgeschichte erhalten die Schüler z.B. über die Betrachtung von Gedichten in ihrer Zeit Es werden ab dem 17. Jahrhundert bis zur Moderne Gedichte vorgestellt, die zwar alle die Frage nach dem Sinn des Lebens beantworten, aber jeweils in der Sprache ihrer Zeit (S.17-19). Auch die Motive und die Leitbilder in den Gedichten folgen den jeweiligen Bildern ihrer Zeit (S.82-103)

Zur Sprach- bzw. Vorgeschichte unserer Sprache werden Ausführungen gemacht: zu den germanischen Sprachen, den Sprachen des frühen Mittelalters (S.105-111) bis zum Mittelhochdeutschen, dann bis zur deutschen Einheitssprache. In einem Kapitel über die Entwicklung der deutschen Sprache im 17./18. Jh. lässt sich eine umfangreiche Erweiterung des Wortschatzes erkennen.

In einem weitern Kapitel werden Ausführungen zur Sprache als dem „Urmedium des Menschen" gemacht (S.231-135).

Über „Sprache und Wirklichkeiten", den Zustand der Sprachlosigkeit angesichts z.B. von Auschwitz (Adorno), den Sprachverfall und den Wirklichkeitsverlust, der Sprachkrise als Wahrnehmungskrise erfährt man S.325-332.

Die Veränderungen der Sprache nach 1945 bringt uns z.B. das Kapitel „Sehen und zur Sprache bringen".

Sprachkritik und Sprachforschung werden geübt. Auch das Thema „Frauensprache" soll die Ungleichgewichte in den Beziehungen für Frauen und Männern aufzeigen (S. 400).

Zweitens erkennen sie die verschiedenen Sprachnormen, die in bestimmten Situationen von bestimmten Gruppenzugehörigen als verbindlich angesehen werden. Dabei wird die Hochsprache synonym gebraucht mit Literatursprache, Schriftsprache, Gemeinsprache oder Standardsprache. Als „überregionale Sprachform (Varietät) des Deutschen" trägt sie Literatur, Kultur, Wissenschaft und Technik. Sie weist eine höhere Entwicklungsstufe auf als der Dialekt und die Umgangssprache. Im Kontakt verschiedener Sprachgemeinschaften gerät die unterlegene in einen Ausbausog, sie *akkulturiert*.

Beispiele für unterschiedliche Sprachnormen finden sich in dem Lehrbuch in Aussagen von Erich Kästner über die Bücherverbrennung durch nationalsozialistische Studenten (S.71). Die Aussagen haben den Charakter einer politischen Rede. Genauso kann Sprache zur Propaganda missbraucht werden (S.278ff.).

Die Schüler erkennen z. B. auch, dass die mittelhochdeutsche Dichtung von den verschiedenen Dialekten des hochdeutschen Sprachraums geprägt war. Die sprachlichen Eigenheiten der deutschen Mundarten werden vermittelt (S.103-111). Es werden Informationen zum Dialekt gegeben, der in einem bestimmten geographischen Verbreitungsgebiet gesprochen wird. Ebenso lernt man die Sprache des Individuums, den Idiolekt, kennen; und zum Soziolekt, der Sprache einer bestimmten Gruppe, werden Textbeispiele gegeben (S.285-291).

Die ungleiche sprachliche Ausstattung von Angehörigen verschiedener sozialer Schichten (Unter- und Mittelschicht) kann zu Sprachbarrieren und dadurch zur Benachteiligung der Sprecher führen, deren Sprachform eine geringere kommunikative Reichweite hat. So wollte z. B. Martin Opitz (1597-1639) alles Mundartliche, jeden Fremdwortgebrauch vermeiden. Die Sprache sollte Klarheit und Prägnanz der Gedanken wiedergeben (S.147).

Drittens erkennen die Schüler bei der Textanalyse die spezifischen Stilmittel einer jeden literarischen Epoche (s. o.). Aus jeder Literaturepoche werden Texte zur Analyse vorgestellt.

Über poetische Mittel der Lyrik und die Eigenarten ihrer Sprache erfahren die Schüler z. B. auf den Seiten 20 und 25.

Auf S.23 lernen die Schüler antike lyrische Formen (Elegie, Hymne, Ode) kennen. Gestaltungsmittel des Minnesangs findet der Schüler auf den Seiten 91-103. Ebenso wird der Schüler mit Stileigenheiten der barocken Lyrik (S.113), der anakreontischen Lyrik (S.165ff.) vertraut gemacht, er lernt die Spracheigenheiten der Romantik kennen (Romantische Ironie, Volks-, Kunstmärchen), die Lyrik der Exilliteratur (Bert Brecht) (S.362). Schließlich tritt ihm die moderne Literatur (nach 1945) mit Gottfried Benn, Rose Ausländer, Hans Bender, Paul

Celan etc. entgegen. Politische Gedichte, Tendenzdichtung begegnen dem Schüler z.B. auf den Seiten 59 und 98.

Stilmittel der Prosa tauchen beim Gang durch die Epochengeschichte laufend auf: Kalendergeschichten (S.34), Anekdoten und Kurzgeschichten (S.42), Predigt, Schelmenroman, Theater und Kampfschriften im Zeitalter des Barock (S. 121 f., 127, 132), Briefe, Flugblätter (S.149, 158), Fabeln, Sinngedichte und Aphorismen (S.162), Glossen, Skizzen (S.325) werden dem Schüler in ihrer je eigenen Literatursprache nahe gebracht.

Über Stilmittel in der Literatur der Aufklärung (Argumentation und Dialog-Strukturen)gibt das Buch auf den Seiten 149 und Seite 182 Auskunft.

Die Stilmittel der Realistischen Literatur, in der Tendenzdichtung, beim Jungen Deutschland, beim Vormärz und in der Reiseliteratur (S.268) sowie die Stilmittel des Poetischen Realismus, des Bildungsromans, des Sozialen Dramas, des Trauerspiels (S.291) lernen die Schüler ebenso kennen wie bestimmte Stilrichtungen im Naturalismus und Expressionismus (S.280 bis 290 und ab S.308f.). Hier erkennt man auch, dass die Sprache als Psychogramm wirken kann und dessen Verlautbarung ist.

Diese beispielhaften Aufzählungen erheben keinen Anspruch auf Vollständigkeit.

Die Sprache als Zeitstil, Stilelemente des Traditionellen und Modernen, das Feuilleton (S.335f.) werden als Sprachvergleiche herausgearbeitet. So werden in der Literatur der Jahrhundertwende viele philosophische Begriffe in den Text eingebaut.

Viertens lernen sie, Literatur durch bibliographische Recherche zu ermitteln, Sprachforschung und Sprachkritik zu betreiben und die Veränderungen in der deutschen Sprache der Gegenwart wahrzunehmen.

4.)   Die Rolle der Institution Schule bei der Erziehung zur Standardsprache

Neben Arbeitsanweisungen, die die Schüler zum aktiven Umgang mit Sprache auffordern, und neben Hintergrundswissen über das sprachliche Material gibt es nun noch einen weiteren bisher unerwähnten Aspekt der schulischen Erziehung der Schüler zur Sprachfertigkeit.

Von der Beschaffenheit des Lehrbuchs und vom geographischen Standort der Schule unabhängig ist das sprachliche Erziehungsziel stets dasselbe. Der Schüler soll nach Verlassen der Schule in der Lage sein, sich so auszudrücken, dass er überall in Deutschland verstanden werden kann. Die Erlernung der überregionalen Standardsprache oder Hochsprache ist Ziel sprachdidaktischer Bemühungen. Sie ist das öffentliche Verständigungsmittel und unterliegt Regeln, die die Grammatik, Aussprache und Rechtschreibung betreffen. Sie ist in ihrer geschriebenen Form an einer einheitlichen Rechtschreibnorm, in ihrer gesprochenen Form an einer einheitlichen Aussprachenorm orientiert, die aber bestenfalls nur in Funk und Fernsehen voll realisiert wird. Auch beim Sprechen im beruflichen Umfeld sollte sie der junge Mensch so gut wie möglich und nötig umsetzen können. Denkt man an das sprachliche Gefälle zwischen Nord- und Süddeutschland, ist dies ein erforderliches Ziel.

Die Art des jeweiligen Sprachgebrauchs ist stark von der Situation des Sprechers und seiner Umgebung geprägt. Man erwartet vom Sprecher einer Gruppe in einer bestimmten Situation, dass er deren Sprachnorm beachtet. So redet man mit Freunden eher umgangssprachlich, mit der Familie im vertrauten Dialekt, an der Universität in einer hoch wissenschaftlich anspruchsvollen, normierten Standardsprache. Die Sprache ist Bestandteil der sozialen Norm. Somit liefert die Schule mit ihrer Spracherziehung einen wichtigen Beitrag für das Selbstbewusstsein jeden Schülers, der weiß, dass er so sprechen und schreiben kann, dass man ihn überall versteht, da er keinen Dialektwortschatz verwendet. Doch kann und muss ein Akzent manchmal nicht verleugnet werden. Der Heranwachsende sollte in der Lage sein, selbständig über sein Registerrepertoire zu verfügen. Dafür muss er aber über eine aktive Sprachkompetenz verfügen, um in einem speziellen Subsystem eine Kommunikation führen zu können. Diese sollte er auch in und durch die Schule lernen.[8]

Koch/Oesterreicher äußern sich in ihrem Artikel auch zur Standardsprache, die immer konzeptionelle Schriftlichkeit aufweist. Sie unterscheiden drei einzelsprachliche Varietätendimensionen und untersuchen deren Verhalten hinsichtlich ihres universalen konzeptionellen Nähe/Distanz-Kontinuums. Hohe diatopische Markierung steht der konzeptionellen Schriftlichkeit fern. Das mundartliche Sprachvermögen beschränkt den Sprecher auf seine Region, überregional kann er nicht oder nur mühevoll verstanden werden. Dialektsprechen in der Schule sollte man deshalb hinsichtlich einer späteren Überregionalität vermeiden. Ebenfalls sind diastratisch und diaphasisch niedrig markierte sprachliche Erscheinungen der konzeptionellen Schriftlichkeit gegenläufig. Deshalb sollte man auch in der Schule schon lernen, wie man sich in einem öffentlichen Umfeld unter nicht nur Gleichgesinnten benehmen und gehobener sprechen soll.

Die Schriftsprache mit ihrer konzeptionellen Schriftlichkeit ist immer auf eine distanzsprachliche Kommunikation ausgerichtet, deshalb ist sie eine minimal diatopisch, dafür aber eine diastratisch und diaphasisch hoch markierte Varietät.[9]

---

[8] Bergmann/Pauly (2001) S.128ff.
[9] Koch/Oesterreicher (1994) S. 594f.

III   Schluß

Erzieht das Buch nun zur Schriftlichkeit oder zur Mündlichkeit oder zu beidem? Die Frage muss differenziert werden. Warum, will ich begründen.

Koch/Oesterreicher kommen am Ende ihres Artikels zu dem Ergebnis, dass man die Frage nach einem Primat der Mündlichkeit oder der Schriftlichkeit nicht pauschal beantworten kann.[10] Das sehe ich genauso. Vielmehr haben sie Recht, wenn sie sagen, man müsse hierfür sehr differenzieren. In medialer Hinsicht sehen sie den Primat der Mündlichkeit. Das halte ich auch für richtig, tritt man doch im Alltag auf der Straße mit anderen Personen immer zuerst mündlich in Kontakt. Auch Fernsehen und Radio sind mündliche Medien. In Bezug auf die Schule hat sich doch gezeigt, dass dieser mündliche Primat nur bedingt der Fall ist. Auch hier muss man nun differenzieren: In diesem Oberstufenbuch habe ich mehr unterschiedliche Anweisungen gefunden, die auf eine medial schriftliche Realisation zielen, wenngleich aber auch die Wichtigkeit von Diskussionen und sinnerschließendem Lesen betont wird. Betrachtet man jedoch nun noch andere Faktoren, kommt man zu einer Gleichgewichtung von mündlichem und schriftlichem Medium. So hängt es auch vom Lehrer ab, welche der einzelnen Arbeitsanweisungen er auswählt und wie er sie gewichtet. Außerdem muss man in Rechnung stellen, dass die meisten Schulstunden in der Oberstufe ja ein Unterrichtsgespräch zwischen Lehrer und Schülern und somit medial mündlich sind. Ferner wurde zu meiner Schulzeit mündliche und schriftliche Leistung 1:1 und damit gleichberechtigt gewertet.

In konzeptioneller Hinsicht sehen Koch/Oesterreicher eine Gleichgewichtung von Mündlichkeit und Schriftlichkeit. Betrachtet man ihr Nähe/Distanzmodell, was ja nach Dürscheid nicht vollständig ist (s.o.) erkennt man eine tatsächliche Gleichgewichtung von beiden Konzeptionen *(konzeptionell-universal)*. Auch in *konzeptionell-einzelsprachlicher* Hinsicht kommen sie zu diesem Schluß (s. Punkte 4.2 und 4.3.4. ihres Artikels), womit sie wiederum recht haben.

In Bezug auf die Schule ist die historische Ebene mit ihren beiden Unterpunkten a und b nach Koch/ Oesterreicher wichtig. Punkt a wird im Schulbuch behandelt. Es informiert über die einzelnen Gattungen, Gesprächsformen und Textsorten und lässt anhand von Texten deren Charakteristika herausarbeiten. Punkt b erwähnt die *Einzelsprachlichen Aspekte schriftlicher Sprache und Konzeption* (behandelt unter Punkt 4). Diese sind auf das Schulbuch und den Unterricht übertragbar. Bezüglich der konzeptionellen Schriftlichkeit ergibt sich folgendes Bild: Dadurch, dass die Schüler im Schulbuch literarische Texte lesen und dazu angehalten werden, sie schriftlich zu bearbeiten und gar selbst freie oder neue Texte, die sich an diesen vorgegebenen sprachlichen Maßstäben orientieren sollen, zu verfassen, ist ein höherer Ausschlag für die *konzeptionelle Schriftlichkeit* zu verzeichnen. Ideal wäre, wenn diese Normierung auch auf mündliche Unterrichtsbeiträge übergehen würde, was aber schwierig sein dürfte, da die Schüler unter anderen Bedingungen, wenn keine Lehrer dabei ist, nie so „gestelzt" sprächen. Es macht auch Sinn, wenn das Buch gezielt auf Ausbildung der konzeptionellen Schriftlichkeit ausgerichtet ist, da die Schüler konzeptionell mündliches Sprechen ohnehin schon kennen, weil ihre sonstige Umgebung der Alltagswelt hauptsächlich medial und konzeptionell mündlich geprägt ist, abgesehen von Nachrichtensendungen oder von Besuchen politischer Reden o.ä.

So kann man zusammenfassend sagen, dass das Buch medial sowohl zur Schriftlichkeit als auch zur Mündlichkeit erzieht. Auf der Ebene der Konzeption erzieht das Buch eindeutig zur *konzeptionellen Schriftlichkeit*, und wo dies der Fall ist, geschieht dies hauptsächlich im graphischen Medium. Das zeigt sich an den vielen Aufgabenstellungen, die eine sowohl inhaltliche als auch eine stilistisch normierte, anspruchsvolle sprachliche Lösung erfordern.

Das ist der Häufigkeit der schriftlichen Arbeitsanweisungen schwierigeren Inhalts zu entnehmen. Doch insgesamt denke ich, dass sich beide Konzeptionen gegenseitig bereichern müssen, da man im Leben vielen verschiedenen Situationen ausgesetzt ist und mit unterschiedlichen Sprechern zu tun hat.

---

[10] Koch /Oesterreicher (2201) S.600f.

IV Literaturverzeichnis

Primärliteratur:

- Peter Mettenleiter, Stephan Knöbl (Hrsg.): Blickfeld Deutsch. Oberstufe. Erarbeitet von Werner Frank, Walter Frei, Emil Göggel, Stephan Knöbl, Peter Mettenleiter, Josef Schnell, Paderborn 1991.

Sekundärliteratur:

- Peter Koch, Wulf Oesterreicher: Funktionale Aspekte der Schriftkultur. Schriftlichkeit und Sprache, in: Schrift und Schriftlichkeit. Ein interdisziplinäres Handbuch internationaler Forschung, hrsg. von Hartmut Günther und Otto Ludwig, 2. Halbband, Berlin, New York 1996.

- Rolf Bergmann, Peter Pauly, Stefanie Stricker: Einführung in die deutsche Sprachwissenschaft, 3. Auflage, Heidelberg 2001.

- Christa Dürscheid: Einführung in die Schriftlinguistik, Wiesbaden 2002.